Orações dos Santos 6

Oração Aos Três Anjos

São Miguel Arcanjo, glorioso príncipe do Céu, protetor das almas eu vos chamo para que me livres de todos os inimigos e de todo pecado e me faça progredir na vida e no serviço de Deus dando-me a graça de perseverar sempre. Amém.

São Gabriel glorioso Anjo Fortaleza de Deus, eu vos chamo para que me alcance do Pai todas as forças, para desprezar o mundo, vencer o demônio, dominar todos os males, até o fim da minha vida. Amém.

São Rafael, glorioso Anjo da saúde eu vos chamo para que cure todas as minhas enfermidades, toda cegueira do meu corpo e da minha alma e me ajude a fugir dos pecados que só fazem o mal para o cristão. Amém.

Oração ao Beato Carlos de Foucauld

Perdoa-me e ajuda-me, meu Deus! Faz morrer em mim o homem velho, vil, tíbio, ingrato, infiel, indeciso e enfraquecido, e cria em mim um coração novo, caloroso, corajoso, agradecido, fiel, forte, decidido e enérgico.

Consagro-te todos os instantes que me resto viver. Faz com que meu futuro seja totalmente contrário do meu passado, que o redima, que seja inteiramente entregue a fazer a tua vontade, que em todos os instantes te glorifique na medida exigida pela tua vontade. Amém.

Divino Pai Eterno

Pai Eterno, Senhor de toda a força e poder, dai-me hoje a segurança do Vosso amor e a certeza de que estais comigo.

Peço ajuda e proteção, nesta hora tão difícil de minha vida.

Preciso da Tua assistência, Pai Eterno, do teu amor e da tua misericórdia.

Tira de mim o medo, tira de mim esta dúvida, esclarecendo meu espírito abatido com a luz que ilumina o Teu Divino Filho Jesus Cristo, aqui na terra.

Que eu possa receber toda a Tua grandeza, Pai Eterno, a Tua presença em minha vida, hora a hora, minuto a minuto.

Que eu sinta o Teu Espírito e a Tua voz dentro de mim, ao meu redor, nas minhas decisões deste dia.

Que eu sinta o Teu maravilhoso poder pela oração e com este poder, Pai Eterno, espero pelos milagres que podes realizar em favor da resolução dos meus problemas.

Não me deixes e nem me abandones, para que eu não caia em desespero e nem perca a fé nesta caminhada rumo à eternidade.

Entrego-te, neste dia, a minha vida e a de minha família.

Livrai-me de minhas moléstias, ainda que seja por milagre.

Obrigado, Pai Eterno, meu Deus, meu mestre e amigo.

Sei que vais me dar à solução do que tanto preciso.

Amém!

Mãe de misericórdia

Roga por nós, santa Mãe de Deus, para que sejamos dignos das promessas de Cristo! Roga por todas as famílias, santa Mãe de Jesus Cristo, para que comecem em sua casa a verdadeira fraternidade cristã!

Roga pelos filhos e pelos pais, santa Mãe da Igreja, para que imitem os teus exemplos em Nazaré! Roga pelas mães abandonadas, pelas mães sofridas, roga pelos filhos sem família, pelos órfãos sem amor!

Roga pelos pais meeiros, explorados, doentes, desempregados, roga pelos sem teto, sem pão, sem instrução, sem defesa!

Roga pelas crianças que não podem nascer, roga pelos pais que não podem criar seus filhos com decência!

São tantas as ameaças contra a família... Mostra que es nossa Mãe: Pede a Jesus por todos nos! Ó, clemente, ó, piedosa, ó, doce Virgem Maria! Amém.

Menino Jesus de Praga

Ó Menino Jesus, a Vós recorro e vos suplico pela intercessão de Vossa Santíssima Mãe, assisti-me nesta necessidade (pede-se a graça), porque creio firmemente que Vossa Divindade pode me socorrer.

Espero com toda confiança obter Vossa santa graça. Amo-vos de todo meu coração e com todas as forças de minh'alma.

Arrependo-me sinceramente de todos os meus pecados, e vos imploro, ó bom Jesus, que me fortaleceis para que eu possa ser vitorioso.

Proponho-me a não vos ofender e me ofereço a Vós, dispondo-me a sofrer antes de fazer-vos sofrer.

Doravante, quero servir-vos com toda fidelidade, e por Vosso amor, ó Menino Deus, amarei a meu próximo como a mim mesmo. Menino onipotente, Senhor Jesus, mais uma vez vos suplico que me atendeis nesta necessidade (apresenta-se o pedido).

Concedei-me a graça de vos possuir eternamente, na companhia de Maria Santíssima e São José, para que possa vos adorar com todos os anjos na Corte Celestial. Amém.

Nossa Senhora (Medalha Milagrosa)

Oh Maria concebida sem pecado

rogai por nós que recorremos a vós.

Nossa Senhora Auxiliadora

Ó Maria, Virgem poderosa, Tu, grande e ilustre defensora da Igreja, Tu, Auxílio maravilhoso dos cristãos,

Tu, terrível como exército ordenado em batalha, Tu, que só destruíste toda heresia em todo o mundo:

nas nossas angústias, nas nossas lutas, nas nossas aflições, defende-nos do inimigo; e na hora da morte, acolhe a nossa alma no paraíso. Assim seja.

Nossa Senhora da Cabeça

Eis-me aqui, prostrado aos vossos pés, ó mãe do céu e Senhora Nossa ! Tocai o meu coração a fim de que deteste sempre o pecado e ame a vida austera e cristã que exiges dos vossos devotos.

Tende piedade das minhas misérias espirituais ! E, ó Mãe terníssima, não vos esqueçais também das misérias que afligem o meu corpo e enchem de amargura a minha vida terrena.

Dai-me saúde e forças para vencer todas as dificuldades que me opõe o mundo. Não permitais que a minha pobre cabeça seja atormentada por males que me perturbem a tranqüilidade da vida.

Pelos merecimentos de vosso divino Filho, Jesus Cristo, e pelo amor a que ele consagrais, alcançai-me a graça que agora vos peço (pede-se a graça que se deseja obter).

Aí tendes, ó Mãe poderosa, a minha humilde súplica. Se quiserdes, ela será atendida. Nossa Senhora da Cabeça, rogai por nós.

Nossa Senhora da Conceição

Virgem Santíssima, que fostes concebida sem o pecado original e por isto merecestes o título de Nossa Senhora da Imaculada Conceição, e por terdes evitado todos os outros pecados,

O Anjo Gabriel vos saudou com as belas palavras: "Ave Maria, cheia de graça"; nós vos pedimos que nos alcanceis do vosso divino Filho o auxílio necessário para vencermos as tentações e evitarmos os pecados e já que vos chamamos de Mãe,

Atendei-nos com carinho maternal esta graça: (fazer o pedido); para que possamos viver como dignos filhos vossos. Nossa Senhora da Conceição, rogai por nós. Amém.

Nossa Senhora da Defesa

Nossa Senhora da Defesa, Virgem Poderosa, recorro a vossa proteção, contra todos os assaltos dos inimigos, pois vós sois o terror das forças malignas.

Eu seguro no vosso Manto Santo e me refugio debaixo dele para estar guardado, seguro e protegido de todo mal.

Mãe Santíssima, refúgio dos pecadores, vós recebestes de Deus o poder para esmagar a cabeça da serpente infernal, e com a espada levantada afugentar os demônios que querem acorrentar os filhos de Deus.

Curvado sob o peso dos meus pecados, venho pedir a vossa proteção hoje e em cada dia da minha vida, para que, vivendo na luz do vosso filho, nosso Senhor Jesus Cristo, eu possa depois desta caminhada terrena entrar na pátria celeste. Amém.

Oração a Nossa Senhora da Paz

Ó, Maria, doce Mãe de Jesus Cristo, o, Príncipe da Paz, eis a vossos pés vossos filhos tristes, perturbados e cheios de confusão, pois afastou-se de nós a paz por causa dos nossos pecados.

Intercedei por nós para que gozemos a paz com Deus e com nosso próximo, por vosso Filho Jesus Cristo Ninguém pode dá-la, senão este Jesus que recebemos de vossas mãos.

Quando nasceu em Belém, os anjos nos anunciaram a paz e quando Ele abandonou o mundo, no-!a prometeu e deixou-a como Sua herança.

Vós, o, Bendita, que trazeis sobre os vossos braços o Príncipe da Paz, mostrai-nos este Jesus e deitai-o em nosso coração.

Ó, Rainha da Paz, estabelecei entre nós o vosso reino e reinai com vosso Filho no meio do vosso povo que, cheio de confiança, se recomenda à vossa proteção.

Afastai para longe de nós os sentimentos de amor próprio, expulsai de nós o espírito de inveja, de maldição e de discórdia.

Fazei-nos humildes na fortuna, fortes em paciência e em caridade nos sofrimentos, firmes e confiantes na Divina Providência.

Abençoai-nos dirigindo os nossos passos no caminho da paz, da união e da mútua caridade, para que, formando aqui a vossa família, possamos no céu bendizer-vos e a vosso divino Filho por toda a eternidade. Assim seja.

(Rezar 3 vezes a Ave-Maria)

Nossa Senhora da Saúde

Virgem Puríssima, que sois a Saúde dos Enfermos, o Refúgio dos Pecadores, a Consoladora dos Aflitos e a Despenseira de todas as graças,

Na minha fraqueza e no meu desânimo apelo hoje, para os tesouros da vossa divina misericórdia e bondade e atrevo-me a chamar-vos pelo doce nome de Mãe.

Sim, ó Mãe, atendei-me em minha enfermidade, dai-me a saúde do corpo para que possa cumprir os meus deveres

Com ânimo e alegria, e com a mesma disposição sirva a vosso Filho Jesus e agradeça a vós, Saúde dos Enfermos.

Nossa Senhora da Saúde, rogai por nós.

Amém.

Nossa Senhora das Dores

Minha Mãe dolorosa, não vos quero deixar sozinho a chorar, não; eu quero acompanhar-vos também com as minhas lágrimas.

Esta graça vos peço hoje; alcançai-me uma contínua lembrança e uma devoção terna à paixão de Jesus e à vossa, a fim de que todos os dias que me restam de vida,

Me sirvam somente para chorar as vossas dores, e as do meu Redentor.

Elas me alcançarão o perdão, a perseverança, o céu, onde espero depois recrear-me em vós e cantar as misericórdias infinitas de Jesus, por toda a eternidade. Amém.

Nossa Senhora das Graças

Súplica:

Ó Imaculada Virgem Mãe de Deus e nossa Mãe, ao contemplar-vos de braços abertos derramando graças sobre os que vo-las pedem, cheios de confiança na vossa poderosa intercessão, inúmeras vezes manifestada pela Medalha Milagrosa,

 Embora reconhecendo a nossa indignidade por causa de nossas inúmeras culpas, acercamo-nos de vossos pés para vos expor, durante esta oração, as nossas mais prementes necessidades (momento de silêncio e de pedir a graça desejada).

Concedei, pois, ó Virgem da Medalha Milagrosa, este favor que confiantes vos solicitamos, para maior Glória de Deus, engrandecimento do vosso nome, e o bem de nossas almas.

E para melhor servirmos ao vosso Divino Filho, inspirai-nos profundo ódio ao pecado e dai-nos coragem de nos afirmar sempre como verdadeiros cristãos. Amém - (Rezar 3 Ave Marias) - Ó Maria concebida sem pecado, rogai por nós que recorremos a vós.

Oração Final:

Santíssima Virgem, eu creio e confesso vossa Santa e Imaculada Conceição, pura e sem mancha.

Ó puríssima Virgem Maria, por vossa Conceição Imaculada e gloriosa prerrogativa de Mãe de Deus, alcançai-me de vosso amado filho a humildade, a caridade, a obediência, a santa pureza de coração, de corpo e espírito, a perseverança na prática do bem, a castidade, uma santa vida e uma boa morte. Amém.

Nossa Senhora de Casaluce

Nossa Senhora de Casaluce, que sempre protegestes este povo, volvei benigna, o vosso olhar sobre nós que invocamos vosso auxílio.

Quantos perigos, ó Mãe, nos ameaçam!

Quantas desgraças nos amedrontam!

Quantos inimigos nos assaltam de todo o lado!

Mas Vós, que sois poderosa e piedosa, Vós que sempre estais no meio de nós, homenageada qual Rainha, invocada com sentimentos de ternura, como mãe, sorrí-nos e protegei-nos.

Quando vos convocamos e não fomos por Vós, atendidos? Virgem Santa de Casaluce, conosco, que somos o vosso povo escolhido e favorecido,

Mostrai-vos sempre Mãe; protegei todos os que estão perto de Vós, lembrai-vos daqueles que moram longe e elevam a Vós a sua prece.

Nós colocamos em Vós toda a nossa confiança.

Socorrei-nos na vida e na morte e no tempo da eternidade.

Assim seja.

Após a oração rezar um Pai-nosso, uma Ave-Maria e um Glória ao Pai.

Nossa Senhora de Fátima

Santíssima virgem que nos montes de Fátima Vos dignastes a revelar a três humildes pastorzinhos os tesouros de graças contidas na prática do vosso Rosário,

Incuti profundamente em nossa alma o apreço, em que devemos ter esta devoção, para Vos tão querida, a fim de que, meditando os mistérios da nossa Redenção que

Nela se comemora, nos aproveitemos de seus preciosos frutos e alcancemos a graça, que Vos pedimos nesta oração, se for para maior glória de Deus, honra vossa e proveito de nossas almas. Assim seja.

Rezar 1 Pai Nosso, 1 Ave Maria e 1 Glória ao Pai.

v. Rainha do Santíssimo Rosário.

v. Rogai por nós.

Nossa Senhora de Guadalupe

Perfeita, sempre Virgem Santa Maria,

Mãe do Verdadeiro Deus, por quem se vive.

Tu que na verdade és nossa Mãe Compassiva,

te buscamos e te clamamos.

Escuta com piedade nosso pranto, nossas tristezas.

Cura nossas penas, nossas misérias e dores.

Tu que és nossa doce e amorosa Mãe,

acolhe-nos no aconchego do teu manto,

no carinho de teus braços.

Que nada nos aflija nem perturbe nosso coração.

Mostra-nos e manifesta-nos a teu amado Filho,

para que Nele e com Ele encontremos

nossa salvação e a salvação do mundo.

Santíssima Virgem Maria de Guadalupe,

Faz-nos mensageiros teus,

mensageiros da Palavra e da vontade de Deus.

Amém.

Nossa Senhora de Lourdes

Ó Virgem puríssima, Nossa Senhora de Lourdes, que vos dignastes aparecer a Bernadette, no lugar solitário de uma gruta, para nos lembrar que é no sossego e

Recolhimento que Deus nos fala, e nós falamos com ele, ajudai-nos a encontrar o sossego e a paz da alma que nos ajudem a conservar-nos sempre unidos a Deus.

Nossa Senhora da gruta de Lourdes, dai-me a graça que vos peço e tanto preciso (pedir a graça).

Nossa Senhora de Schoenstatt

A cada homem que vem a este mundo, Jesus repete: Esta é a minha Mãe. Por ela vencerás (Serva de Deus, Madre Maria José de Jesus)

Ó Maria, Mãe, Rainha e Vencedora, Três Vezes Admirável de Schoenstatt, implora para mim a graça da conversão.

Ajuda-me a observar fielmente os mandamentos de Deus e cumprir a sua santa vontade.

Que minha vida não seja obstáculo para o atendimento dos meus pedidos, para os prodígios que tu queres alcançar-me, ó bondosa, ó clemente, ó doce Virgem Maria.

Nossa Senhora, rogai por nós. Amém.

Nossa Senhora Desatadora dos Nós

Santa Maria, cheia da presença de Deus, durante os dias de tua vida aceitastes com toda a humildade a vontade do Pai, e o Maligno nunca foi capaz de envolver-lhe com suas confusões.

Junto a Teu Filho, intercedestes por nossas dificuldades e, com toda paciência, nos destes exemplo de como desenrolar as linhas de nossa vida.

E, ao se dar para sempre como nossa Mãe, pões em ordem e fazes mais claros os laços que nos unem ao Senhor.

Santa Maria, Mãe de Deus e nossa Mãe, Tu que com coração materno desatas os nós que entorpecem nossa vida, te pedimos que recebas em tuas mãos a(o).......... e que a(o) livres das amarras e confusões com que a(o) castiga aquele que é nosso inimigo.

Por tua graça, por tua intercessão, com teu exemplo, livra-nos de todo o mal, Senhora Nossa, e desata os nós que impedem de nos unirmos a Deus para que, livres de toda confusão e erros,

O Louvemos em todas as coisas, coloquemos Nele nossos corações e possamos Servi-lo sempre através dos nossos irmãos. Amém!

Nossa Senhora do bom parto

Virgem Santíssima, virgem antes do parto, virgem no parto e virgem depois do parto tal foi a obra do Espírito Santo que gerou em Vosso ventre o Esplendor do mundo o Vosso adorado e precioso filho Jesus Cristo.

Infinita foi a alegria em conduzir em Vossos braços esse penhor de eterna duração essa fonte de riqueza que vos fez subir ainda mais a esse trono que tanto Vos

Glorificou como Rainha dos Anjos e porque padecestes a mais crucificados o Vosso Adorado Filho e nessa hora que tudo para vós era dor e aflição, nunca achastes

Quem vos consolasse, senão a Vossa ternura de Mãe Santíssima a todos os momentos precisam os pecadores de Vosso amor e bondade mais do que nunca

Como nessa hora (PEDE-SE A GRAÇA) dando-me um bom sucesso e a todos quanto imploram o Vosso Santo nome. Amém.

Nossa Senhora do Bom Remédio

"Maria conhece todas as nossas necessidades, mágoas, tristezas, misérias e esperanças. Interessa-se por cada um de seus filhos, roga por cada um com tanto ardor como se não tivera outro". (Serva de Deus, Madre Maria José de Jesus)

Com o objetivo de resgatar os cristãos escravizados na África e no Oriente Médio, São João da Mata e São Felix de Valois fundaram em 1198 a Ordem Hospitalar da Santíssima Trindade. Precisavam, para isso, de vultosas somas em dinheiro.

Recorreram, então, ao auxílio de Maria Santíssima, o remédio para todas as necessidades que encontramos na vida. Foram abundantemente atendidos e conseguiram libertar da escravidão milhares de irmãos na Fé.

Como gratidão, passaram a honrar a Mãe de Deus sob o título de Nossa Senhora do Bom Remédio, cuja festa se comemora dia 8 deste mês. Muitos a conhecem por Nossa Senhora dos Remédios.

Desde essa época incontáveis fiéis pedem a Nossa Senhora do Bom Remédio ajuda de modo especial em suas necessidades financeiras. E não recorrem em vão à mais bondosa de todas as manifestações da mãe de Deus.

Nossa Senhora, rogai por nós. Amém.

Nossa Senhora do Carmo (Oração do escapulário)

Ó Senhora do Carmo, revestido de vosso escapulário, eu vos peço que ele seja para mim sinal de vossa maternal proteção, em todas as necessidades, nos perigos e nas aflições da vida.

Acompanhai-me com vossa intercessão, para que eu possa crescer na Fé, Esperança e Caridade, seguindo a Jesus e praticando Sua Palavra.

Ajudai-me, ó mãe querida, para que, levando com devoção vosso santo Escapulário, mereça a felicidade de morrer piedosamente com ele, na graça de Deus, e assim, alcançar a vida eterna. Amém.

Nossa Senhora do Desterro

Ó Bem-aventurada Virgem Maria, mãe de Nosso Senhor Jesus Cristo Salvador do Mundo, Rainha do Céu e da Terra, advogada dos pecadores, auxiliadora dos cristãos, protetora dos pobres, consoladora dos tristes, amparo dos órfãos e viúvas,

Alívio das almas penantes, socorro dos aflitos, desterradora das indigências, das calamidades, dos inimigos corporais e espirituais, da morte cruel dos tormentos eternos, de todo bicho e animal peçonhentos, dos maus pensamentos, dos sonhos

Pavorosos, das cenas terríveis e visões espantosas, do rigor do dia do juízo, das pragas, dos incêndios, desastres, bruxarias e maldições, dos malfeitores, ladrões, assaltantes e assassinos.

Minha amada mãe, eu prostrado agora aos vossos pés, com piedosíssimas lágrimas, cheio de arrependimento das minhas pesadas culpas, por vosso intermédio imploro perdão a Deus infinitamente bom.

Rogai ao vosso Divino Filho Jesus, por nossas famílias, para que ele desterre de nossas vidas todos estes males, nos dê perdão de nossos pecados e nos enriqueça com sua divina graça e misericórdia.

Cobri-nos com o vosso manto maternal, ó divina estrela dos montes. Desterrai de nós todos os males e maldições.

Afugentai de nós a peste e os desassossegos. Possamos, por vosso intermédio, obter de Deus a cura de todas as doenças, encontrar as portas do Céu abertas e convosco ser felizes por toda a eternidade. Amém.

Nossa Senhora do Perpétuo Socorro

Ó Mãe do Perpétuo Socorro, nós vos suplicamos, com toda a força de nosso coração, amparar a cada um de nós em vosso colo materno, nos momentos de insegurança e sofrimento; que o vosso olhar esteja sempre atento para não nos

deixar cair em tentação; que em vosso silêncio aprendamos a aquietar nosso coração e fazer a vontade do Pai. Intercedei junto ao Pai pela paz no mundo e em nossas famílias. Abençoai todos os vossos filhos e filhas enfermos.

Iluminai nossos governantes e representantes, para que sejam sempre servidores do grande povo de Deus. Concedei-nos ainda muitas e santas vocações religiosas, sacerdotais e missionárias para a maior difusão do reino de vosso Filho Jesus

Cristo. Enfim, derramei nos corações dos vossos filhos e filhas a Vossa bênção de amor e misericórdia. Sede sempre o nosso Perpétuo Socorro na vida e principalmente na hora da morte. Amém.

Nossa Senhora dos Navegantes

Ó Nossa Senhora dos Navegantes, Mãe de Deus criador do céu, da terra, dos rios, lagos e mares; protegei-me em todas as minhas viagens. Que ventos, tempestades, borrascas, raios e ressacas, não perturbem a minha embarcação e que monstro

nenhum, nem incidentes imprevistos causem alteração e atraso à minha viagem, nem me desviem da rota traçada. Virgem Maria, Senhora dos Navegantes, minha vida é a travessia de um mar furioso.

As tentações, os fracassos e as desilusões são ondas impetuosas que ameaçam afundar minha frágil embarcação no abismo do desânimo e do desespero. Nossa Senhora dos Navegantes, nas horas de perigo eu penso em vós e o medo

desaparece; o ânimo e a disposição de lutar e de vencer tornam a me fortalecer. Com a vossa proteção e a bênção de vosso Filho, a embarcação da minha vida há de ancorar segura e tranquila no porto da eternidade. Nossa Senhora dos Navegantes, rogai por nós.

Pastorzinhos de Fátima

Meu Deus, eu creio, adoro, espero e amo-Vos.

Peço-Vos perdão para os que não creem, não adoram, não esperam e não Vos amam.

Santíssima Trindade, Pai, Filho, Espírito Santo, adoro-Vos profundamente e ofereço-Vos o preciosíssimo Corpo, Sangue, Alma e Divindade de Jesus Cristo,

presente em todos os sacrários da terra, em reparação dos ultrajes, sacrilégios e indiferenças com que Ele mesmo é ofendido.

E pelos méritos infinitos do Seu Santíssimo Coração e do Coração Imaculado de Maria, peço-Vos a conversão dos pobres pecadores.

Oração a Santa Ana

Senhora Sant'Ana, fostes chamada por Deus a colaborar na salvação do mundo. Seguindo os caminhos da Providência Divina, recebeste São Joaquim por Esposo. Deste vosso matrimônio, vivido em santidade, nasceu Maria Santíssima, que seria a Mãe de Jesus Cristo.

Formando Vós família tão santa, confiantes nós vos pedimos por esta nossa família. Alcançai-nos a todos as graças de Deus: aos PAIS deste lar, que vivam na santidade do matrimônio e formem seus filhos segundo o Evangelho; aos FILHOS

desta casa, que cresçam em sabedoria, graça e santidade e encontrem a vocação a que Deus os chamou. E a TODOS nós, Pais e Filhos, alcançai-nos a alegria de viver fielmente na Igreja de Cristo, guiados sempre pelo Espírito Santo, para que um

dia, após as alegrias e sofrimentos desta vida, mereçamos também nós chegar à casa do Pai, onde vos possamos encontrar, para junto sermos eternamente felizes, no Cristo, pelo Espírito Santo. Amém.

Oração a Santa Bárbara (Proteção contra raios, Tempestades, Mortes Trágicas

Santa Bárbara, que sois mais forte que as torres das fortalezas e a violência dos furacões, fazei que os raios não me atinjam, os trovões não me assustem e o troar dos canhões não me abalem a coragem e a bravura.

Ficai sempre ao meu lado para que possa enfrentar de fronte erguidas e rosto sereno todas as tempestades e batalhas de minha vida, para que, vencedor de todas as lutas, com a consciência do dever cumprido, possa agradecer a vós, minha

protetora, e render graças a Deus, criador do céu, da terra e da natureza: este Deus que tem poder de dominar o furor das tempestades e abrandar a crueldade das guerras. Santa Bárbara, rogai por nós.

Santa Clara

Por intercessão de santa Clara, que o Senhor Todo-Poderoso me abençoe e me proteja; que ele volte para mim seus olhos misericordiosos e me dê a paz.

Santa Clara, invocou vossa proteção, lembrando vossa pobreza, simplicidade, espírito de oração e união com o Senhor. Vós sois, para todos nós, um sinal de paz, de bondade e de compreensão para com o próximo.

Por isso, pedimos vossa proteção e que o Senhor derrame, não só sobre mim, mas sobre todas as pessoas necessitadas, suas copiosas graças e, depois desta vida,

nos conduza ao céu em vossa companhia e de todos os santos. Em nome do Pai e do Filho e do Espírito Santo.

Amém!

Oração de Santa Edwiges (Pobres e endividados)

Vós Santa Edwiges, que fostes na terra amparo dos pobres e desvalidos e socorro dos endividados, no céu onde gozais o eterno prêmio da caridade que praticastes, confiante vos peço, sede minha advogada, para que de Deus eu obtenha a graça (fazer pedido) e por fim a graça suprema da salvação eterna. Amem.

Rezar um Pai Nosso, uma Ave Maria e um Glória ao Pai.

Santa Joana d'Arc

Deus Rei do mundo suscitastes uma simples Virgem para expulsar os invasores de um reino da terra. Por intercessão de vossa santa Virgem Joana d'Arc que

expulsemos de nossa vida tudo que nos separa de vós e sirvamos a vosso Filho, Rei dos reis e Senhor dos senhores para junto com a Virgem Santa Joana vos

adorarmos por toda a eternidade em nossa verdadeira pátria, o Céu. Por Cristo vosso Filho na unidade do Espírito Santo.

Amém!

Santa Josefina Bakhita

Ó Santa Josefina Bakhita, que, desde menina, foste enriquecida por Deus com tantos dons e a Ele correspondeste com todo o amor, olha por nós.

Intercede junto ao Senhor para que cresçamos no Seu amor e no amor a todas as criaturas humanas, sem distinção de idade, de raça, de cor ou de situação social.

Que pratiquemos sempre, como tu, as virtudes da fé, da esperança, da caridade, da humildade, da castidade e da obediência. Pede, agora, ao Pai do Céu, oh Bakhita, as graças que mais preciso, especialmente (pedido).

Amém.

Santa Luzia (Protetora dos olhos e da visão)

Ó, Santa Luzia, que preferistes deixar que os vossos olhos fossem vazados e arrancados antes de negar a fé e conspurcar vossa alma; e Deus, com um milagre extraordinário, vos devolveu outros dois olhos sãos e perfeitos para recompensar

vossa virtude e vossa fé, e vos constituiu protetora contra as doenças dos olhos, eu recorro a vós para que protejais minhas vistas e cureis a doença dos meus olhos. Ó, Santa Luzia, conservai a luz dos meus olhos para que eu possa ver as belezas

da criação. Conservai também os olhos de minha alma, a fé, pela qual posso conhecer o meu Deus, compreender os seus ensinamentos, reconhecer o seu amor para comigo e nunca errar o caminho que me conduzirá onde vós, Santa Luzia, vos

encontrais, em companhia dos anjos e santuário. Santa Luzia, protegei meus olhos e conservai minha fé. Amém.

Santa Mônica

Ó Santa Mônica, que pela oração e pelas lágrimas alcançastes de Deus a conversão de vosso filho transviado, depois santo, Santo Agostinho, olhai para o meu coração, amargurado pelo comportamento do meu filho desobediente, rebelde

e inconformado, que tantos dissabores causou ao meu coração e à toda a família. Que vossas orações se juntem com as minhas, para comover o bom Deus à fim de que ele faça meu filho entrar novamente ao bom caminho.

Santa Mônica, fazei que o Pai do Céu chame de volta à casa paterna o meu filho pródigo. Dai-me esta alegria e serei muito agradecida(o). Santo Agostinho, rogai por nós. Santa Mônica, atendei-me. Amém.

Oração de Santa Rita de Cássia (Causas Impossíveis)

Ó Poderosa e gloriosa Santa Rita, eis a vossos pés uma alma desamparada que necessitando de auxílio, a vós recorre com a doce esperança de ser atendida por vós que tem o título de Santa dos Casos Impossíveis e Desesperados.

Ó cara santa interessai-vos pela minha causa, intercedei junto a Deus para que me conceda a graça que tanto necessito (faça o pedido).

Não permitais que tenha de me afastar de vossos pés sem ser atendido.

Se houver em mim algum obstáculo que me impeça de alcançar a graça que imploro, auxiliai-me para que o afaste.

Envolvei o meu pedido em vossos preciosos méritos e apresentai-o a vosso celeste esposo, Jesus, em união com a vossa prece. Ó Santa Rita, eu ponho em vós toda a minha confiança. Por vosso intermédio, espero tranquilamente a graça que vos peço.

Santa Rita, Advogada dos Impossíveis, rogai por nós.

Santa Teresinha (Prece à Santa das Rosas)

Santa das Rosas, trilhastes a Pequena Via da humildade e da submissão à vontade de Deus.

Ensinai-nos, ó Santa Mestra, Doutora da Igreja, o caminho da santidade que nasce da escuta da Palavra de Deus, da realização de coisas simples e sem importância aos olhos do mundo.

Nós vos pedimos que continueis a cumprir vossa promessa de fazer chover rosas de graças e bênçãos sobre o mundo.

Ansiamos por rosas, muitas rosas do vosso jardim.

Reparti conosco as graças que recebeis de Deus Pai.

Intercedei por nós junto a Ele.

Por vossas preces, venha o Senhor em socorro de nossas necessidades.

(Pedir neste momento a graça desejada)

Velai, ó Flor do carmelo, por nossas famílias: que em nossos lares haja paz, compreensão e diálogo.

Velai por nossa pátria, para que tenhamos governantes íntegros, afinados com os anseios do povo sofrido.

Velai por nós, para que o espírito missionário impregne todas as nossas ações.

Santa Teresinha, rogai por nós. Amém.

Santa Teresinha do Menino Jesus

Ó Santa Teresinha, branca e mimosa flor de Jesus e Maria, que embalsamais o Carmelo e o mundo inteiro com o vosso suave perfume, chamai-nos, e nós

correremos convosco, ao encontro de Jesus, pelo caminho da renúncia, do abandono e do amor.

Fazei-nos simples e dóceis, humildes e confiantes para com o nosso Pai do Céu. Ah! Não permitais que o ofendamos com o pecado.

Assisti-nos em todos os perigos e necessidades; socorrei-nos em todas as aflições e alcançai-nos todas as graças espirituais e temporais, especialmente a que estamos precisando agora (fazer o pedido)....

Lembrai-vos, ó Santa Teresinha, que prometestes passar o vosso céu fazendo o bem à terra, sem descanso, até ver completo o número dos eleitos. Ah! Cumpri em

nós a vossa promessa: sede nosso anjo protetor na travessia desta vida e não descanseis até que nos vejais no céu, ao vosso lado, cantando as ternuras do amor misericordioso do Coração de Jesus.

Amém.

Oração a Santo Afonso Maria de Ligório (Patrono dos confessores e teólogos de teologia moral)

Senhor, concedei-me pelos méritos de Santo Afonso Maria de Ligório, o dom do verdadeiro amor fraternal. Com Vossa Graça, ajudai-me, pois não quero mais julgar,

condenar, desprezar, excluir. Que eu tenha humildade para aceitar os meus defeitos e procurar melhorá-los. Amém. Maria, Espelho da Justiça, rogai por nós.

Santo Agostinho

Bem aventurado Santo Agostinho, lembrai-vos, na vossa glória, dos pobres pecadores. Como Vós outrora, eles hoje trilham os caminhos do mal, arrastados pela ignorância ou pelas paixões.

Compadecei-vos deles e fazei que, nas suas mentes e nos seus corações, irradie a luz da verdade e triunfe a força da graça a fim de que, à vossa imitação, quebrem

os grilhões do pecado que os escraviza, espantem as trevas do erro que os sufoca e, vencidos pela ternura das consolações divinas, a Deus se convertam e vivam como filhos obedientes e soldados destemidos da Igreja.

Santo Agostinho, rogai por nós. Amém.

Santo Antônio (Alcançar uma Graça)

Ó glorioso Santo Antônio, meu grande advogado, pela confiança e pelo amor que em vós depositei, dignai-vos conceder um olhar benigno em meu favor.

Grande Santo, vós que operais tantos milagres e que tantas graças alcançais para aqueles que vos invocam, tende compaixão também deste devoto servo, que está tão necessitado de vosso auxílio.

Dizei uma palavra àquele Menino, que feliz apertais entre os braços, e d'Ele impetrai a graça que humildemente vos peço...

Santo Antônio (Encontrar coisas perdidas)

Responsório de Santo Antônio

Se milagres desejais

Contra os males e o demônio

Recorrei a Santo Antônio

E não falhareis jamais

Pela sua interseção

foge a peste o erro a morte

Quem é fraco fica forte

mesmo o enfermo fica são

Rompem-se as mais vis prisões

recupera-se o perdido

Cede o mar embravecido

no maior dos furacões

Penas mil e humanos ais

se moderam, se retiram

Isto digam os que o viram,

os paduanos e outros mais.

Oração de Santo Expedito (Problemas Urgentes)

Meu Santo Expedito das causas justas e urgentes interceda por mim junto ao Nosso Senhor Jesus Cristo, socorrei-me nesta hora de aflição e desespero.

Intercedei por mim junto ao nosso Senhor Jesus Cristo!

Meu Santo Expedito Vós que sois um Santo guerreiro,

Vós que sois o Santo dos aflitos, Vós que sois o Santo dos desesperados.

Vós que sois o Santo das causas urgentes, Protegei-me, Ajudai-me, dai-me forças, coragem e serenidade.

Atendei ao meu pedido. "Fazer o pedido".

Meu Santo Expedito ! Ajudai-me a superar estas horas difíceis, protegei-me de todos que possam me prejudicar, protegei a minha família, atendei ao meu pedido com urgência.

Devolvei-me a paz e a tranquilidade.

Meu Santo Expedito! Serei grato pelo resto de minha vida e levarei seu nome a todos que têm fé.

Muito obrigado.

(Rezar 1 Pai Nosso, 1 Ave Maria e Fazer o Sinal da Cruz)

Santo Inácio de Loyola

Tradução Original

Tomai, Senhor, e recebei toda a minha liberdade, minha memória, minha inteligência e toda a minha vontade, tudo o que tenho e possuo.

De vós recebi; a vós, Senhor o restituo. Tudo é vosso; disponde de tudo inteiramente, segundo a vossa vontade. Dai-me o vosso amor e graça, que esta me basta.

Versão Popular

Tomai, Senhor, e recebei toda a minha liberdade, a minha memória também

O meu entendimento e toda a minha vontade; Tudo o que tenho e possuo Vós me destes com amor

Todos os dons que me destes, com gratidão vos devolvo; Disponde deles, Senhor, segundo a Vossa vontade.

Dai-me somente o vosso amor, a vossa graça; Isso me basta nada mais quero pedir.

São Benedito

O meu glorioso protetor, São Benedito, que agora no céu estais tendo o prêmio de vosso sincero amor a Deus e fidelidade constante à Santa Igreja Católica, volvei

vossos olhos de proteção sobre vossos fiéis devotos, para que sempre sigamos o caminho do bem e da virtude

Infundi-nos um sincero amor e respeito à Igreja e a todos os seus ministros e livrai-nos da superstição e dos erros ocultos do protestantismo, que procuram afastar nossas almas da Igreja fundada por Cristo e de seus ministros e desviar-nos assim do caminho do céu e da salvação eterna. assim seja.

Todas as noites rezar três Ave-Marias a Nossa Senhora como obséquio a São Benedito.

Com esta prática obterás a proteção da Santíssima Virgem, o que te proporcionará felicidade nesta vida e na outra.

Oração de São Bento (Proteção Contra o Inimigo)

Oração da Medalha de São Bento

A Cruz sagrada seja minha Luz

Não seja o Dragão meu guia

Retira-te Satanás

Nunca me aconse-lhes coisas vãs

É mal o que tu me ofereces

Bebe tu mesmo do teu veneno

Oração a São Bento

Ó Deus, vós que vos dignastes derramar sobre o bem-aventurado confessor o Patriarca São Bento o espírito de todos os justos concedei a nós, vossos servos e

servas a graça de nos revestirmos deste mesmo espírito para que possamos, com o vosso auxílio, fielmente cumprir o que temos prometido. Por Jesus Cristo Nosso Senhor. Amém.

Oração para obter uma graça

Ó glorioso Patriarca São Bento, que vos mostrastes sempre compassivo com os necessitados, fazei que também nós, recorrendo a vossa poderosa intercessão, obtenhamos auxílio em todas as nossas aflições.

Que nas famílias reine a paz e tranqüilidade; se afastem todas as desgraças tanto corporais como espirituais, especialmente o pecado.

Alcançai do Senhor a graça que vos suplicamos; obtendo-nos finalmente que, ao terminar nossa vida neste vale de lágrimas, possamos ir louvar a Deus.

Crux Sacra Sit Mihi Lux

Non Draco Sit Mihi Dux

Vade Retro Sátana

Nunquam Suade Mihi Vana

Sunt Mala Quae Libas

Ipse Venena Bibas

São Brás (Protetor das doenças da garganta)

Ó glorioso São Brás, que restituístes com uma breve oração a perfeita saúde a um menino que, por uma espinha de peixe atravessada na garganta, estava prestes a

expiar, obtende para nós todos a graça de experimentarmos a eficácia do vosso patrocínio em todos os males da garganta. Conservai a nossa garganta sã e perfeita

para que possamos falar corretamente e assim proclamar e cantar os louvores de Deus. São Brás, rogai por nós. Amém.

A bênção de São Brás: Por intercessão de São Brás, Bispo e Mártir, livre-te Deus do mal da garganta e de qualquer outra doença. Em nome do Pai, do Filho e do Espírito Santo. Amém.

São Cristóvão (padroeiro dos motoristas)

Ó São Cristóvão, que atravessastes a correnteza furiosa de um rio com toda a firmeza e segurança porque carregáveis nos ombros o Menino Jesus, fazei que

Deus Se sinta sempre bem em meu coração, porque então eu terei sempre firmeza e segurança na direção do meu carro e enfrentarei corajosamente todas as

correntezas que eu tiver que enfrentar, venham elas dos homens ou do espírito infernal.

São Cristóvão, rogai por nós.

Oração de São Francisco de Assis (elevação espiritual)

Senhor, fazei-me instrumento de vossa paz. Onde houver ódio, que eu leve o amor,

Onde houver ofensa , que eu leve o perdão,

Onde houver discórdia, que eu leve a união,

Onde houver dúvida, que eu leve a fé,

Onde houver erro, que eu leve a verdade,

Onde houver desespero, que eu leve a esperança,

Onde houver tristeza, que eu leve a alegria,

Onde houver trevas, que eu leve a luz.

Ó Mestre, fazei que eu procure mais consolar que ser consolado;

compreender que ser compreendido, amar, que ser amado.

Pois é dando que se recebe é perdoando que se é perdoado e é morrendo que se vive para a vida eterna...

São Gabriel Arcanjo

Vós, Anjo da encarnação, mensageiro fiel de Deus, abri os nossos ouvidos para que possam captar até as mais suaves sugestões e apelos de graça emanados do coração amabilíssimo de Nosso Senhor.

Nós vos pedimos que fiqueis sempre junto de nós para que, compreendendo bem a Palavra de Deus e Suas inspirações, saibamos obedecer-lhe, cumprindo docilmente aquilo que Deus quer de nós.

Fazei que estejamos sempre disponíveis e vigilantes. Que o Senhor, quando vier, não nos encontre dormindo.

São Gabriel Arcanjo, rogai por nós. Amém.

São João Batista

Ó Glorioso São João Batista, príncipe dos profetas, precursor do divino Redentor, primogênito da graça de Jesus e da intercessão de sua Santíssima Mãe, que fostes grande diante do Senhor, pelos estupendos dons da graça de que fostes

maravilhosamente enriquecido desde o ceio materno, e por vossas admiráveis virtudes, alcançai-me de Jesus, ardentemente vos suplico, que me dê a graça de o amar e servir com extremado afeto e dedicação até a morte. Alcançai-me também,

meu excelso protetor, singular devoção a Virgem Maria Santíssima, que por amor de vós foi com pressa á casa de vossa mãe S. Isabel, para serdes livre do pecado original e cheio dos dons do Espírito Santo. Se me conseguirdes estas duas graças,

como muito espero de vossa grande bondade e poderoso valimento, estou certa de que, amando até a morte a Jesus e a

Maria, salvarei minha alma e no céu convosco e com todos os Anjos e Santos amarei e louvarei a Jesus e a Maria entre gozos e delícias eternas. Amém.

Oração a São João Bosco - Dom Bosco

(Pai e Mestre da Juventude; Fundador da Congregação Salesiana)

Necessitando de especial auxílio, com grande confiança recorro a vós, ó São João Bosco. Preciso não só de graças espirituais, mas também de graças temporais, e

principalmente (pequena pausa para pedir a graça que se deseja). Vós, que tivestes tanta devoção a Jesus Sacramentado e a Maria Auxiliadora, e que tanto vos

compadecestes das desventuras humanas, alcançai-me de Jesus e de sua celeste Mãe a graça que vos peço, e mais: resignação inteira à vontade de Deus. Rezar: Pai Nosso, Ave-Maria e Glória.

São Joaquim

Ó grande patriarca S. Joaquim, nosso glorioso padroeiro, nós, devotos vossos, nos regozijamos com o pensamento de terdes sido escolhido entre todos os santos, para cooperar nos mistérios divinos e enriquecer o mundo com a bem-aventurança Mãe de Deus e nossa, vossa filha Maria Santíssima.

Por este singular privilégio, sois poderosíssimo junto à Mãe e o Filho de Deus, de sorte que não há graça que não possais alcançar.

Recorro a vós, animado por essa confiança plena, pedindo vossa valiosíssima proteção e recomendando-vos todas as minhas necessidades espirituais e temporais bem como as da minha família.

Peço-vos, ó glorioso santo, a graça especial de (pedir a graça desejada) e espero obtê-la pela vossa paternal intercessão. Peço particularmente a graça do amor perseverante a Jesus e Maria, a fim de que eu viva e morra na fé, esperança e caridade, invocando também o vosso bendito nome.

São Joaquim, rogai por nós. Amém.

São Jorge

Ó São Jorge, meu guerreiro, invencível na Fé em Deus, que trazeis em vosso rosto a esperança e confiança abra os meus caminhos.

Eu andarei vestido e armado com as armas de São Jorge para que meus inimigos, tendo pés não me alcancem, tendo mãos não me peguem, tendo olhos não me vejam, e nem em pensamentos eles possam me fazer algum mal.

Armas de fogo o meu corpo não alcançarão, facas e lanças se quebrarão sem o meu corpo tocar, cordas e correntes se arrebentarão sem o meu corpo amarrar.

Jesus Cristo, me proteja e me defenda com o poder de sua santa e divina graça, a Virgem de Nazaré, me cubra com o seu manto sagrado e divino, protegendo-me em todas as minhas dores e aflições, e Deus, com sua divina misericórdia e grande poder, seja meu defensor contra as maldades e perseguições dos meus inimigos.

Glorioso São Jorge, em nome de Deus, estenda-me o seu escudo e as suas poderosas armas, defendendo-me com a sua força e com a sua grandeza, e que debaixo das patas de seu fiel cavalo meus inimigos fiquem humildes e submissos a vós.

Ajudai-me a superar todo o desanimo e alcançar a graça que tanto preciso: (fazei aqui o seu pedido) Dai-me coragem e esperança fortalecei minha FÉ e auxiliai-me nesta necessidade. Com o poder de Deus, de Jesus Cristo e do Divino Espírito Santo. Amém!

Oração de São José

Ó glorioso São José, a quem foi dado o poder de tornar possível as coisas humanamente impossíveis, vinde em nosso auxílio nas dificuldades em que nos achamos.

Tomai sob vossa proteção a causa importante que vos confiamos, para que tenha uma solução favorável.

Ó Pai muito amado, em vós depositamos toda a nossa confiança. Que ninguém possa jamais dizer que vos invocamos em vão. Já que tudo podeis junto a Jesus e Maria, mostrai-nos que vossa bondade é igual ao vosso poder.

São José, a quem Deus confiou o cuidado da mais santa família que jamais houve, sede, nós vos pedimos, o pai e protetor da nossa, e impetrai-nos a graça de vivermos e morrermos no amor de Jesus e Maria.

São José, rogai por nós que recorremos a vós.

São Josemaría Escrivá

Ó Deus, que por mediação da Santíssima Virgem concedestes inúmeras graças a S. Josemaría, sacerdote, escolhendo-o como instrumento fidelíssimo para fundar o

Opus Dei, caminho de santificação no trabalho profissional e no cumprimento dos deveres quotidianos do cristão, fazei que eu também saiba converter todos os

momentos e circunstâncias da minha vida em ocasião de Vos amar, e de servir com alegria e simplicidade a Igreja, o Romano Pontífice e as almas, iluminando os

caminhos da terra com a luz da fé e do amor. Concedei-me por intercessão de S. Josemaría o favor que Vos peço (fazer pedido).

Amém.

Oração de São Judas Tadeu

São Judas Tadeu, apóstolo escolhido por Cristo, eu vos saúdo e louvo pela fidelidade e amor com que cumpristes vossa missão.

Chamado e enviado por Jesus, sois uma das doze colunas que sustentam a verdadeira Igreja fundada por Cristo.

Inúmeras pessoas, imitando vosso exemplo e auxiliadas por vossa oração, encontram o caminho para o Pai, abrem o coração aos irmão se descobrem forças para vencer o pecado e superar todo o mal.

Quero imitar- vos, comprometendo- me com Cristo e com sua Igreja, por uma decidida conversão a Deus e ao próximo, especialmente o mais pobre.

E, assim convertido, assumirei a missão de viver e anunciar o Evangelho, como membro ativo de minha comunidade.

Espero, então, alcançar de Deus a graça que imploro confiando na vossa poderosa intercessão.

(Faça o pedido da graça a ser alcançada?)

São Judas Tadeu, rogai por nós!

Amém

Rezar Pai Nosso, Ave-Maria, Glória.

Oração a São Lázaro

Você que alcançou pela fé e pelo amor a salvação da sua carne, peça por mim, ao Suave Jesus que me salve também.

Assim como Marta e Maria pediram por você, de joelhos, eu rogo, São Lázaro, me ajude nas horas tristes, me ampare em minhas dores e livre meu corpo e meu espírito de toda e qualquer doença, de todo e qualquer mal.

Amém.

São Miguel Arcanjo

São Miguel Arcanjo, defendei-nos no combate, sede o nosso refúgio contra as maldades e ciladas do demônio. Ordene-lhe Deus, instantemente o pedimos, e vós,

príncipe da milícia celeste, pela virtude divina, precipitai no inferno a satanás e a todos os espíritos malignos, que andam pelo mundo para perder as almas. Amém

Sancte Michael Archangele

Sancte Michael Archangele, defende nos in praelio; contra nequitiam et insidias diaboli esto praesidium.Imperet illi Deus, supplices deprecamur: tuque, Princeps

militiae caelestis, Satanam aliosque spiritus malignos, qui ad perditionem animarum pervagantur in mundo, divina virtute in infernum detrude. Amen.

São Patrício

Proteção de São Patrício

Hoje me levanto com poderosa força e invoco à Santíssima Trindade com trinitária fé professando a unidade do Criador e da criatura.

Hoje me levanto com a força do nascimento de Cristo graças a seu batismo, com a força de sua crucificação e morte, com a força de sua ressurreição e ascensão, com a força de seu retorno no dia do juízo.

Hoje me levanto com a força do amor do querubim, obediente ao anjos, a serviço dos arcanjos, na esperança da ressurreição para encontrar consolo com as orações dos patriarcas, as predições dos profetas, os ensinamentos dos apóstolos, a fé dos confessores, a inocência das santas virgens, os feitos dos homens de bens.

Hoje me levanto com a força dos céus: a luz do sol, o brilho da lua, o esplendor do fogo, a velocidade do trovão, a rapidez do vento, a profundidade dos mares, a permanência da terra, a firmeza da rocha.

Hoje me levanto com a força de Deus que me guia: sua grandeza que me apóia, sua sabedoria que me guia, seu olho que me cuida, seu ouvido que me escuta, sua palavra que me fala, sua mão que me defende, seu caminho para segui-lo, seu

escudo para proteger-me, sua eucaristia para livrar-me das armadilhas do demônio, da tentação dos vícios, daqueles que me desejam mal, longe ou perto, só ou acompanhado.

Invoco hoje todo estes poderes para que se levantem entre mim e estes males, contra todos os cruéis e infames poderes que desejam o mal para meu corpo e alma, contra as invocações dos falsos profetas, contra as nefastas leis da pagania,

contra as falsas leis da heresia, contra as artes da idolatria, contra os feitiços de bruxas, quiromantes e feiticeiros, contra todo conhecimento que corrompa o corpo e a alma.

Cristo que me proteja hoje contra o veneno, contra o fogo, contra morrer afogado, ser ferido para que assim venha a mim abundante consolo.

Cristo comigo,

Cristo à minha frente,

Cristo atrás de mim,

Cristo em mim,

Cristo abaixo de mim,

Cristo sobre mim,

Cristo a minha direita,

Cristo a minha esquerda,

Cristo quando durmo,

Cristo quando descanso,

Cristo quando me levanto,

Cristo no coração de todo homem que pense em mim,

Cristo na boca de quem fale de mim,

Cristo em todos os olhos que me vêem,

Cristo em todo ouvido que me ouve.

Hoje me levanto com poderosa força e invoco à Santíssima Trindade com trinitária fé professando a unidade do Criador e da criatura. Amém!

São Pelegrino (Protetor contra o câncer)

Glorioso Santo que, obedecendo à voz da graça, renunciastes, generosamente, às vaidades do mundo para dedicar-vos ao serviço de Deus, de Maria SS. e da

salvação das almas, fazei que nós também, desprezando os falsos prazeres da terra, imitemos o vosso espírito de penitência e mortificação. São Pelegrino, afastai de nós a terrível enfermidade, preservai-nos a todos nós deste mal, com vossa valiosa proteção.

São Pelegrino, livrai-nos do câncer do corpo e ajudai-nos a vencer o pecado, que é o câncer de alma. São Pelegrino, socorrei-nos, pelos méritos de Jesus Cristo Senhor Nosso.

São Pelegrino, rogai por nós. Amém.

São Pio de Pietrelcina (Pe. Pio)

Fica comigo, Senhor, pois preciso da tua presença para não te esquecer. Sabes quão facilmente posso te abandonar.

Fica comigo, Senhor, porque sou fraco e preciso da tua força para não cair.

Fica comigo, Senhor, porque és minha vida, e sem ti perco o fervor.

Fica comigo, Senhor, porque és minha luz, e sem ti reina a escuridão.

Fica comigo, Senhor, para me mostrar tua vontade.

Fica comigo, Senhor, para que ouça tua voz e te siga.

Fica comigo, Senhor, pois desejo amar-te e permanecer sempre em tua companhia.

Fica comigo, Senhor, se queres que te seja fiel.

Fica comigo, Senhor, porque, por mais pobre que seja minha alma, quero que se transforme num lugar de consolação para ti, um ninho de amor.

Fica comigo, Jesus, pois se faz tarde e o dia chega ao fim; a vida passa, e a morte, o julgamento e a eternidade se aproximam. Preciso de ti para renovar minhas energias e não parar no caminho.

Está ficando tarde, a morte avança e eu tenho medo da escuridão, das tentações, da falta de fé, da cruz, das tristezas. Oh, quanto preciso de ti, meu Jesus, nesta noite de exílio.

Fica comigo nesta noite, Jesus, pois ao longo da vida, com todos os seus perigos, eu preciso de ti.

Faze, Senhor, que te reconheça como te reconheceram teus discípulos ao partir do pão, a fim de que a Comunhão Eucarística seja a luz a dissipar a escuridão, a força a me sustentar, a única alegria do meu coração.

Fica comigo, Senhor, porque na hora da morte quero estar unido a ti, se não pela Comunhão, ao menos pela graça e pelo amor.

Fica comigo, Jesus. Não peço consolações divinas, porque não as mereço, mas apenas o presente da tua presença, ah, isso sim te suplico!

Fica comigo, Senhor, pois é só a ti que procuro, teu amor, tua graça, tua vontade, teu coração, teu Espírito, porque te amo, e a única recompensa que te peço é poder amar-te sempre mais.

Como este amor resoluto desejo amar-te de todo o coração enquanto estiver na terra, para continuar a te amar perfeitamente por toda a eternidade. Amém.

São Rafael Arcanjo

Glorioso Arcanjo São Rafael, que vos dignastes tornar a aparência de um simples viajante para vos fazer o protetor do jovem Tobias. Ensinai-nos a viver sobrenaturalmente elevando sem cessar nossas almas, acima das coisas terrenas.

Vinde em nosso socorro no momento das tentações e ajudai-nos a afastar de nossas almas e de nossos trabalhos todas as influências do inferno.

Ensinai-nos a viver neste espírito de fé que sabe reconhecer a misericórdia Divina em todas as provações e as utilizar para a salvação de nossas almas.

Obtende-nos a graça de uma inteira conformidade à vontade Divina, seja que ela nos conceda a cura dos nossos males ou que recuse o que lhe pedimos.

São Rafael guia protetor e companheiro de Tobias, dirigi-nos no caminho da salvação, preservai-nos de todo perigo e conduzi-nos ao Céu.

São Rafael Arcanjo, rogai por nós. Amém.

São Sebastião (Protetor contra a fome e a guerra)

Glorioso mártir São Sebastião, soldado de Cristo e exemplo de cristão. Hoje nós viemos pedir vossa intercessão junto ao trono do Senhor Jesus, nosso Salvador, por quem destes a vida.

Vós que vivestes a fé e perseverastes até o fim, pedi a Jesus por nós para que nós sejamos testemunhas do amor de Deus.

Vós que esperastes com firmeza nas palavras de Jesus, pedi a Ele por nós para que aumente nossa esperança na ressurreição.

Vós que vivestes a caridade para com os irmãos, pedi a Jesus para que aumente nosso amor para com todos. Enfim, glorioso mártir São Sebastião, protegei-nos

contra a peste, a fome e a guerra; defendei nossas plantações e nossos rebanhos que são dons de Deus para o nosso bem, para o bem de todos.

E defendei-nos do pecado que é o maior mal, causador de todos os outros.

São Sebastião, rogai por nós. Amém.

Oração a São Vicente de Paulo

Glorioso São Vicente, celeste padroeiro de todas as associações de caridade e pai de todos os infelizes que, enquanto vivestes sobre a terra, nunca faltastes àqueles que se valeram de vossa proteção; vede a multidão de males de que estamos oprimidos e correi em nosso auxílio; alcançai do Senhor socorro para os pobres, auxilio aos enfermos, consolação aos aflitos, proteção aos desamparados, conversão aos pecadores, zelo aos sacerdotes, paz à Igreja, tranqüilidade aos povos e a todos Salvação.

Sim, que todos experimentem os efeitos de vossa benéfica intercessão, e que, socorridos assim por vós nas misérias desta vida, possamos reunir-nos convosco lá no céu, onde não haverá mais tristeza nem. lágrimas, nem dor, mas uma alegria, uma bem-aventurança eterna. Amém.

Senhor do Bonfim

Meu Senhor do Bonfim que sobre as águas andastes, hoje estais entre o cálice e a hóstia consagrada.

Treme a terra mas não treme o coração do nosso Senhor Jesus Cristo no altar - treme o coração dos meus inimigos.

Quando para mim olharem eu os benzo em cruz e eles não benzem a mim.

Entre o Sol e a Lua e as estrelas e as pessoas da Santíssima Trindade, Pai, Filho e Espírito Santo.

Na travessia avisto os meu inimigos, meu Deus o que eu faço com eles?

Com o manto da virgem Maria Santíssima sou coberto, com o sangue do nosso Senhor Jesus Cristo sou valido.

Se quiserem me atirar, água pelo cano da arma há de correr, assim como correu o leite do peito de Maria Santíssima para a boca do seu adorado filho

E outras armas que para mim levantarem ficarão suspensas no ar e não mim atingirão

Assim como ficou Maria Santíssima no pé da cruz esperando seu bendito filho.

Corda que em mim botar nos pés há de cair, porta que me trancar há de se abrir

Assim como se abriu o sepulcro do Nosso Senhor Jesus Cristo para ele subir aos céus.

Salvo fui, salvo sou e salvo serei, com a chave do Santíssimo Sacrário me fecharei. (3x).

Amém.

Orações dos Santos 66 Orações

Editora Mamba Negra

Todos os direitos reservados

Printed in Great Britain
by Amazon